CONSPIRATION

DE LA

RUE DES PROUVAIRES.

PARIS;

CHEZ LES MARCHANDS DE NOUVEAUTÉS.

1832.

IMPRIMERIE DE A. BARBIER,
Rue des Marais S.-G., n. 17.

CONSPIRATION

RUE DES PROUVAIRES.

De tous les événemens politiques les plus extraordinaires, l'histoire signalera la révolution de juillet 1830.

La rapidité avec laquelle elle s'est exécutée, la simultanéité des efforts de tous les citoyens pour le renversement du trône d'un roi parjure, et enfin cet élan spontané des cœurs généreux vers la liberté, tout annonce que les sympathies des Français pour une bonne Constitution et pour la légalité, sentiment qui trouve tant d'écho chez les autres nations, avaient présidé au grand œuvre de notre régénération, tout démontre jusqu'à l'évidence l'éloignement des masses pour cette dynastie déchue qui ne comprit jamais la gloire de notre belle patrie et dont le triste privilége fut toujours de l'avilir.

Cette étonnante révolution aurait produit ses fruits; la prospérité publique en aurait été le résultat nécessaire, notre roi-citoyen aurait réalisé toutes nos espérances, si de misérables factieux, soudoyés par l'or des ennemis du trône de juillet et qui sont venus parmi nous distiller les venins des dissensions, n'eussent excité la guerre civile, dont les déplorables conséquences, en couvrant notre sol de deuil, ont mis la France en proie à tous les genres de calamnités. Malgré leurs coupables efforts, notre révolution ne sera pas trahie; le peuple l'aime, parce qu'il comprend les bienfaits qui doivent en découler; il la défendra; il soutiendra le trône du roi qu'elle lui a donné, et il punirait les traîtres et les conspirateurs si jamais ils osaient renouveler leurs criminelles tentatives. La noble et héroïque conduite de cette belle garde-nationale parisienne dans toutes les circonstances, et notamment dans les malheureuses journées des 5 et 6 juin, a prouvé victorieusement combien était grand, combien était généreux l'esprit qui l'animait : elle est la garantie la moins équivoque du triomphe de l'opinion qui a surgi de la révolution de juillet; elle est le soutien véritable du trône de Louis-Philippe et des institutions sur lesquelles il est fondé.

Au nombre des conspirations qui ont éclaté, l'une des plus insensées et des plus téméraires était sans contredit celle de la rue des Prouvaires. Des hommes appartenant généralement à des classes obscures de la société avaient conçu le projet de s'introduire, pendant la nuit du 1er au 2 février, dans le palais des Tuileries, à l'aide de fausses clés des grilles qu'ils s'étaient procurées; de se saisir de la famille royale, et de proclamer le duc de Bordeaux roi de France, sous le nom de Henri V. Le noyau de ces misérables s'était réuni en armes dans un café de la rue des Prouvaires, où ils s'étaient enivrés et où ils furent cernés et arrêtés.

Ils avaient d'autres affidés qui devaient se trouver dans diverses directions et se réunir à

eux. Plusieurs de ces derniers furent aussi arrêtés.

Ces individus figurent aujourd'hui sur les
bancs des assises de la Seine.

Après la révolution de juillet, le parti vaincu
paraissait enfin pour la première fois avoir com-
pris sa faiblesse. Aux jours de danger il avait
fui; après la victoire du peuple, au nom de la
loi, il était demeuré invisible, et ses traces
mêmes semblaient avoir disparu du sol, tant il
avait pris soin de s'effacer. On eût dit alors que
ce parti tout entier avait quitté la terre de
France avec ceux qu'il appelle ses maîtres et
qui s'en allaient en exil expier le parjure. Mais
l'énergique et unanime soulèvement de la France
à la nouvelle des ordonnances du 25 juillet, la
victoire du peuple en trois jours, cette indiffé-
rence, pire peut-être que l'indignation, qui ac-
cueille sur leur longue route les voyageurs de
Cherbourg, l'enthousiasme que fait naître la dé-
claration du 7 août, tout est perdu pour l'ensei-
gnement de ce parti. Dans ses étranges illusions,
il croit trouver une garantie et une condition de
succès dans les circonstances même qui parlent
le plus haut contre lui. Cette glorieuse révolution, qui s'accomplit par la seule puissance de
la loi, qui n'exerce aucune réaction contre une
longue et pesante action de quinze années, il
prend sa magnanimité, preuve évidente de sa
force, pour un symptôme de faiblesse; il cherche
aussi, et il croit trouver dans une monstrueuse
alliance avec ces hommes qui rêvent encore les
sanglantes horreurs d'une nouvelle Convention,
une puissante garantie de succès pour les exilés
d'Holy-Rood : il demande à la république des

hommes d'action, car il en manque, et il se charge de solder les frais de l'attentat. Nous le verrons donc sans étonnement, ce parti du trône parjure, ignorant tout à la fois la France et lui-même, croître en audace parce qu'il croît en espérance. Au mois de juillet 1831, à ce glorieux anniversaire qui lui rappelait sa honte et sa misère, il n'osait pas encore relever à Paris ce drapeau que Paris avait déchiré, drapeau qu'il appelait celui de la France et qui fut rougi du sang français. Il porte donc l'insurrection dans la Vendée, et les embauchages des soldats de l'ex-garde suisse constituent le premier attentat qu'il ait osé commettre.

Il était toutefois évident, et l'on ne tarda pas à comprendre qu'une conspiration à Paris, qui frapperait le gouvernement au cœur, devrait, en cas de succès, avoir un résultat plus complet et plus prompt; mais, d'une part, s'attaquer ouvertement à un pouvoir appuyé sur le vœu du pays, et qui répond à ses besoins comme aux légitimes exigences du temps, paraissait chose nuisible; de l'autre, on se rendait la justice de reconnaître qu'on n'avait pas pour soi les sympathies populaires, et que dès-lors on ne pouvait recruter les agens de troubles et de désordres qu'avec de l'argent. Il y avait donc nécessité de s'occuper en premier lieu de ce recrutement salarié, pour arriver en définitive à une attaque secrète, à un coup de main improvisé, à une scène nocturne de brigandage et d'assassinat.

Tel est en résumé le véritable plan de la conspiration.

Voici maintenant les faits qui résultent de l'instruction:

Dans le mois de décembre 1831, l'autorité fut avertie que plusieurs personnes s'occupaient de faire des enrôlemens pour opérer un mouvement insurrectionnel en faveur du duc de Bordeaux.

Dans les premiers jours de janvier 1832, on arrêta à Paris ou à Versailles les individus soupçonnés d'avoir pris part à ces coupables machinations. Un complot était formé et devait éclater dans la nuit du 1er au 2 février 1832. Les conspirateurs devaient se porter en armes aux Tuileries, et s'y introduire par le moyen de clés qu'ils s'étaient procurées et qui ouvraient les serrures de trois grilles. Au même moment, des hommes réunis sur plusieurs points de la ville, particulièrement à la place de la Bastille, à celle de l'Observatoire, au boulevard du Mont-Parnasse et dans les environs du Pont-Neuf, devaient opérer d'autres mouvemens. Le but était de détruire le gouvernement et de proclamer le duc de Bordeaux sous le nom d'Henri V.

Le 1er février, dans l'après-midi, le nommé Louis Poncelet, qui fréquentait le café du nommé Larcher, rue des Prouvaires, avait commandé dans cette maison un souper pour un grand nombre de personnes qu'il se proposait d'y réunir la nuit suivante. Il avait donné mille francs à Larcher pour les frais de ce repas. Vers onze heures du soir, les prétendus conviés arrivèrent successivement. Des armes et des cartouches apportées dans une voiture leur furent distribuées. Louis Poncelet mit une ceinture et s'arma de deux pistolets chargés.

La police, qui faisait surveiller la maison, y pénétra alors avec la force armée. Ceux qui étaient dans la maison firent résistance, et l'un d'eux tira un coup de pistolet qui tua le sergent-de-ville Houel.

Louis Poncelet est signalé comme auteur de cet homicide ; lui seul avait des pistolets. Un de ces pistolets récemment tiré fut saisi ; la balle extraite du corps de Houel était du calibre de ce pistolet et semblable à celle qui se trouvait dans l'autre pistolet de Louis Poncelet ; enfin, Louis Poncelet est reconnu par plusieurs témoins pour avoir tiré le coup.

Pendant la même nuit, on arrêta les hommes suspects que l'on put saisir, soit dans la maison de Larcher, soit dans les environs de cette maison, soit sur divers points de la ville, notamment sur ceux indiqués comme lieux de réunion. On saisit chez Larcher, dans la salle où les conjurés étaient réunis, trois clés qu'ils avaient cachées dans un pot à l'eau et que l'on a reconnu plus tard s'appliquer aux serrures de trois grilles des Tuileries.

Il paraît certain que l'attentat ainsi déjoué se rattachait aux enrôlemens clandestins qui avaient eu lieu depuis quelque temps et à raison desquels une instruction était commencée.

Cette première instruction avait déjà fait connaître qu'au mois de décembre 1831, le nommé Piégard (Sainte-Croix), passementier à Paris, que l'on désignait sous le titre de général, et le nommé Mégret, employé dans la maison de Charles X, demeurant à Versailles, avaient, de concert avec le nommé Suzanne, marchand de vin à Versailles, et dans le cabaret de celui-ci, fait aux nommés Liasse, Bulle et autres, la proposition de servir le duc de Bordeaux, en faveur duquel un mouvement devait éclater; ils leur avaient promis de l'argent, des grades, des emplois et d'autres récompenses.

Piégard (Sainte-Croix), Suzanne et Mégret avaient été arrêtés, le 3 janvier 1832, à Versailles, à raison de ces faits. Au moment de leur arrestation, Louis Poncelet était avec eux; mais, comme il avait expliqué d'une manière qui parut satisfaisante sa présence à Versailles, on l'avait laissé libre.

Une perquisition faite chez Piégard fit découvrir une liste d'affiliés, parmi lesquels figurent Suzanne et Mégret.

Beaucoup d'autres personnes indiquées comme ayant fait des distributions d'argent, d'armes ou d'objets d'équipement, ou comme s'étant trouvées dans les réunions où se préparait l'attentat, ont été arrêtées et interrogées, et des papiers relatifs au complot ont été saisis en leur possession.

Les informations ont appris que plusieurs individus s'étaient occupés de faire des enrôlemens. On avait cherché, surtout, à gagner d'anciens militaires en leur promettant des grades, ou des emplois. On avait acheté des armes chez des brocanteurs. Piégard (Sainte-Croix) avait fait préparer chez lui des ceintures militaires qui étaient achevées chez la femme Fizanne, dans la demeure de laquelle des réunions fréquentes avaient lieu. On y fabriquait des cartouches. Tous ces objets étaient ensuite transportés chez différens affidés, pour être distribués au moment de l'action.

Par suite de ces faits, et selon la part plus ou moins grave que chacun a prise au complot et à l'attentat du 2 février, la Cour royale de Paris, chambre des mises en accusation, a, par arrêt en date du 1er juin 1832, renvoyé devant la Cour d'assises, pour y être jugés conformément à la loi :

1. Louis PONCELET, dit CHEVALIER, âgé de 27 ans, cordonnier, né à Paris, y demeurant, rue Neuve-de-Seine, n. 61.

2. Pierre-François TILLET, âgé de 33 ans, musicien, garçon d'attelage chez la duchesse de Berry, demeurant à Paris, Petite rue du Rempart, n. 7.

3. Laurent GOETZ, âgé de 29 ans, cuisinier sans place, né en Suisse, demeurant en garni, rue Traverse, n. 4.

4. Joseph-Antoine ROMANESCHI, âgé de 28 ans, né en Suisse, domestique, demeurant place Maubert, n. 26.

5. MARÉCHAL, âgé de 33 ans, né à Vanvres, rémouleur, demeurant à Vanvres.

6. Pierre BILLARD, dit POTURON, âgé de 28 ans, jardinier à Fontenay-aux-Roses.

7. Mathieu COUDER, âgé de 28 ans, maçon, né à Saint-Pierre-le-Bois (Creuse), demeurant à Paris, rue du Mont-Saint-Hilaire, n. 7.

8. Alexandre DAXELHOFER, âgé de 41 ans, officier démissionnaire, né à Berne, en Suisse, demeurant à Paris, rue Croix-des-Petits-Champs, hôtel du Rhin.

9. Jean-Baptiste PAOUL, âgé de 40 ans, capitaine en non-activité, demeurant rue des Cholets, n. 3.

10. Jules-Victor COLLIN fils, âgé de 29 ans, professeur d'écritures, demeurant à Paris, rue de Bussi, n. 29.

11. Jacques-Brutus PATRIARCHE, âgé de 38 ans, peintre en bâtimens, demeurant à Paris, rue Saint-Victor, n. 112.

12. Benoît COLLET, âgé de 37 ans, charcutier, né à Juvrage (Jura), demeurant à Paris, rue St-Victor, n. 112.

13. François-Jean-Benoît MARLIAT, âgé de 32 ans, porteur de journaux, né à Cassel (Nord), demeurant à Paris, rue Guénégaud, n. 20.

14. Jean-Baptiste DUTERTRE, âgé de 36 ans, ex-gendarme, né à Saint-Folquin (Pas-de-Calais), demeurant à Paris, rue Neuve-Saint-Eustache, n. 44.

15. Pierre LARTIGUE, âgé de 34 ans, commis-négociant, né à Toulouse, demeurant à Paris, rue de Bretagne, n. 8.

16. Jean-François PANOUILLOT, âgé de 41 ans, garçon au théâtre Molière, demeurant rue Perpignan, n. 18.

17. Alexandre BONNEAU, âgé de 37 ans, porteur d'exploits, demeurant à Paris, rue Contrescarpe Saint-Marcel, n. 1.

18. Charles COLLOT, âgé de 35 ans, artificier, demeurant rue Jacob, n. 14.

19. Julien BOUSSELOT, âgé de 20 ans, fumiste, né à Gadancourt (Eure), demeurant à Paris, rue Charretière, n. 10.

20. Pierre-Auguste DUMOULIER-DELABROSSE, âgé de 22 ans, propriétaire, né et demeurant à Nantes, de présent à Paris, rue Traversière-Saint-Honoré, hôtel des Indes.

21. Ch.-Marie-Hildebert DELAPALME-DUBORNE, âgé de 17 ans, rentier, né à l'île de la Trinité, demeurant à Nantes, de présent à Paris, rue Traversière Saint-Honoré, hôtel des Indes.

22. Adolphe-Joseph PRÉVOST, âgé de 25 ans, ex-employé à la préfecture de police, né à Paris, y demeurant, rue du Bac, n. 13.

23. Armand DUCHILLOU, âgé de 29 ans, né à la Gabretière (Vendée), demeurant à Paris, rue de Grenelle-Saint-Germain.

24. Marie DE KERSABIEC, âgé de 25 ans et demi, propriétaire, né à Nantes, demeurant ordinairement à Boussillé (Maine-et-Loire), et en dernier lieu à Paris, rue Jacob, n. 6.

25. Charles-Calixte DE TUSSAU, âgé de 27 ans, né à Poitiers, propriétaire, demeurant à Paris, rue Notre-Dame-des-Victoires, hôtel des États-Unis.

26. Jean MASSON, âgé de 19 ans, domestique, né

à Semsem (Deux-Sèvres), demeurant à Paris, rue Montmartre.

27. Victor DELAPUJADE, âgé de 32 ans, rentier, né à Paris, y demeurant, rue des Boucheries-Saint-Germain, n. 64.

28. François LAVAUX, âgé de 34 ans, sous-facteur aux Messageries, né à Angoulême (Charente), demeurant à Paris, rue Beaurepaire, n. 4.

29. Clément GARCIAS, âgé de 26 ans, rentier, né à Londres, demeurant à Paris, rue des Fossés-Saint-Jacques, n. 8.

30. Albert-Stanislas DUTILLET, âgé de 33 ans, teneur de livres, né en Suisse, demeurant à Paris, rue du Harlay, n. 7.

31. Pierre-Sainte-Croix PIÉGARD, âgé de 48 ans, passementier, né aux Andelys, demeurant à Paris, rue Saint-Denis, n. 307.

32. Jean - Louis TOUTAIN, âgé de 46 ans, ex-palfrenier aux écuries de Charles X, né à Versailles, demeurant à Paris, rue de la Limace, n. 3.

33. Henri-Médéric GUÉRIN, âgé de 36 ans, ex-employé aux écuries de Charles X, né au Havre, demeurant à Paris, rue Neuve-de-Berry, n. 13.

34. Antoine BRUNET, âgé de 62 ans, pensionnaire de la liste civile, né à Gien (Haute-Garonne), demeurant à Paris, avenue de Neuilly, n. 33.

35. Jean-André-César FARGUES, âgé de 41 ans, ex-agent de police, né à Montpellier (Hérault), demeurant à Paris, rue de la Vieille-Bouclerie, n. 5.

36. Joseph VUCHARD, âgé de 46 ans, marchand de meubles, né en Suisse, demeurant à Chaillot, Grande-Rue, n. 51.

37. Jean - Joseph DESCLOUX, âgé de 32 ans, sellier, suisse à la paroisse de Chaillot, né en Suisse, demeurant à Chaillot, Grande-Rue.

38. Charles CHARBONNIER DE LA GUESNERIE, âgé de 47 ans, propriétaire, né à Angers, demeurant à Paris, rue Pinson, n. 16.

39. Auguste GECHTER, âgé de 31 ans, né à Paris, avocat, demeurant chez sa mère, à Vaugirard.

40. Auguste LEBRUN, âgé de 29 ans, né à Valognes (Manche), garde particulier de M. de Fourmont, demeurant à Vaugirard, chez Gechter.

41. Jean LEMESLE, âgé de 57 ans, né à Beaucouru (Maine-et-Loire), balayeur, demeurant à Paris, rue d'Estrées, n. 9.

42. Jean FIZANNE, âgé de 38 ans, ex-postillon de la maison de Charles X, né à Versailles, demeurant à Paris, rue des Saussayes, n. 18.

43. Landry CHÉRY..........

44. François ROGER, âgé de 51 ans, cordonnier, né à Châteaudun, demeurant à Paris, rue Dauphine, n. 25.

45. François LEYCHAT, âgé de 57 ans, cordonnier, né à Étival, en Charnny (Sarthe), demeurant à Paris, rue Bourbon-Château, n. 3.

46. Alphonse MAUGER, dit PRIMAUGER, âgé de 33 ans, carrier, né à Fontenay-aux-Roses, y demeurant, place de l'Église.

47. Louis – Étienne GILLOT, âgé de 51 ans, marchand de vins, né à Vanvres, demeurant à Châtillon.

48. FORTIER........

49. Cunégonde-Philippe SUZANNE, âgé de 49 ans, marchand de vins, né à Thivri (Piémont), demeurant à Versailles, rue du Chantier, n. 2.

50. François MÉGRET, âgé de 48 ans, ex-employé de la maison de Charles X, né à Lem-sous-Vallon (Sarthe), demeurant à Versailles, rue du Chantier, n. 4.

51. Adrien-Louis-Marie GRESSIER, âgé de 34 ans, surnuméraire au Timbre, né à Paris, y demeurant, rue du Marché-Neuf, n. 10.

52. Alexis REITER, âgé de 36 ans, musicien, né à Paris et y demeurant, rue de Lille, n. 15.

53. Jean-Baptiste BUFNOIR, âgé de 33 ans, marchand de vins, demeurant à Paris, rue de Sartine, n. 10.

54. Étienne DEVERNEUIL, âgé de 40 ans, médecin, rue de l'Échiquier, n. 32.

55. François-Joseph BOUVIER, âgé de 35 ans, ex-loueur de voitures, né à Chaussin (Jura), demeurant à Paris, rue de Grenelle-Saint-Germain, n. 76.

56. Jean-Adrien BACQUIER, âgé de 24 ans, professeur de langues anciennes, demeurant à Paris, rue des Fossés-Saint-Germain-des-Prés, n. 7.

57. KURTH, domestique chez le sieur Perdreau, tenant maison de santé à Chaillot, rue des Batailles, n. 5.

58. Femme FIZANNE, rue des Saussayes, n. 18.

59. ÉDELINE, brocanteur, rue de Bercy, près la barrière.

60. COCHERY, rue de la Bienfaisance, n. 34.

61. DE FOURMONT.

62. Fille CROSSARD, rue des Saints-Pères, n. 68.

63. COLLIN père, rue Poupée, n. 5.

64. FLORIMOND, domestique, rue de Sèvres, n. 17.

65. DE BRULARD (comte), rue Taranne, n. 3.

66. THÉSÉE, garçon de café, rue de la Michaudière, n. 20.

Nous nous abstiendrons de toute réflexion morale sur chacun des accusés; nous craindrions d'exercer quelqu'influence sur le jury chargé de les juger, et nous respectons trop le malheur pour agraver leur position et concevoir une pensée qui pourrait leur devenir préjudiciable, quelle que soit d'ailleurs l'indignation que nous inspirent des hommes qui troublent la paix publique, et déchirent, en conspirant et en allumant les brandons de la guerre civile, le sein leur belle patrie.

Espérons que ces misérables auront enfin la conscience de l'impuissance et de la stérilité de leurs efforts et qu'ils abandonneront leur criminelle entreprise.

Une énorme majorité de la nation, n'en doutons pas, est toute dévouée au trône de juillet, parce qu'elle comprend que seul il peut offrir aux Français et des libertés franches et des garanties telles qu'ils les désirent; il a pour lui toutes les sympathies populaires, parce que le peuple se rappelle avec plaisir qu'il a été fondé sur ces barricades qui furent les témoins de tant d'actions de courage et d'héroïsme.

Les déplorables journées des 5 et 6 juin ont dû prouver clairement à cette jeunesse effrénée qui ne rêve que le retour du système sanglant et de terreur de 1793 que leur république avait bien peu de Séides, et que leur drapeau rouge avait inspiré autant d'horreur qu'avait fait naître de dégoût et d'éloignement le drapeau blanc des carlistes.

Qu'ils abandonnent donc leurs détestables projets, et qu'ils cessent de nourrir dans leur esprit cette funeste et fausse pensée que leurs partis ont de l'écho.

Ils verront le contraire toutes les fois que de nouveaux désordres viendraient à éclater; toujours ils seront repoussés et trouveront une immense population prête à défendre nos institutions et le trône.

Le sang français a coulé et coulerait encore pour le triomphe de notre révolution telle que nous l'avons comprise.

Cette crise générale du commerce, qui paralyse toutes les négociations, qui porte le deuil et la détresse dans toutes les familles, qui l'a occasionnée, si ce ne sont les fauteurs de troubles, les émeutiers, les factieux et les conspirateurs? Il est facile de prouver, par une démonstration aussi claire que l'évidence, que si tous les bons

Français s'étaient ralliés franchement autour du trône de juillet et avaient abjuré tout dissentiment, la confiance se serait incessamment rétablie et aurait fécondé les opérations commerciales, qui toujours seront neutralisées lorsqu'elle n'y présidera pas; enfin, que toutes les branches de la prospérité publique se seraient déployées et nous auraient offert la récompense de l'union et de l'harmonie de nos sentimens.

Les factieux font le malheur des peuples, et prétendent ensuite placer les mécontens au nombre des gens de leur parti. Quel aveuglement !

Il est beaucoup de citoyens qui souffent de la stagnation générale des affaires, qui éprouvent de la gêne et de grandes privations : ils font des vœux pour un avenir plus prospère ; mais, pour cela, ils ne sont ni républicains ni carlistes; ils aiment le roi, et ils souffrent avec résignation, tout prêts encore à lui donner des preuves de leur attachement aux institutions de juillet, en versant leur sang pour foudroyer ces ennemis du trône et de la patrie qui, dans leur délire, rêvent un ordre de choses impossible et qui ne pourrait désormais exister.

Rallions-nous tous de bonne foi autour du trône et des institutions de juillet, punissons les conspirateurs, et nous ne tarderons pas à voir refleurir parmi nous la confiance et le bonheur !

FIN.

9 782012 484795